BEI GRIN MACHT SICH IHR WISSEN BEZAHLT

- Wir veröffentlichen Ihre Hausarbeit,
  Bachelor- und Masterarbeit

- Ihr eigenes eBook und Buch -
  weltweit in allen wichtigen Shops

- Verdienen Sie an jedem Verkauf

Jetzt bei www.GRIN.com hochladen
und kostenlos publizieren

AF131216

Bibliografische Information der Deutschen Nationalbibliothek:

Die Deutsche Bibliothek verzeichnet diese Publikation in der Deutschen National-
bibliografie; detaillierte bibliografische Daten sind im Internet über http://dnb.d-
nb.de/ abrufbar.

Impressum:

Copyright © 2015 GRIN Verlag, Open Publishing GmbH
Druck und Bindung: Books on Demand GmbH, Norderstedt Germany
ISBN: 9783668257054

Dieses Buch bei GRIN:

http://www.grin.com/de/e-book/335912/das-innere-team-nach-friedemann-schulz-
von-thun-ein-kommunikationskonzept

Anonym

„Das Innere Team" nach Friedemann Schulz von Thun. Ein Kommunikationskonzept

GRIN Verlag

GRIN - Your knowledge has value

Der GRIN Verlag publiziert seit 1998 wissenschaftliche Arbeiten von Studenten, Hochschullehrern und anderen Akademikern als eBook und gedrucktes Buch. Die Verlagswebsite www.grin.com ist die ideale Plattform zur Veröffentlichung von Hausarbeiten, Abschlussarbeiten, wissenschaftlichen Aufsätzen, Dissertationen und Fachbüchern.

Besuchen Sie uns im Internet:

http://www.grin.com/

http://www.facebook.com/grincom

http://www.twitter.com/grin_com

Universität Vechta, ISBS, Fachbereich Soziale Arbeit

Vertiefung ausgewählter Beratungsansätze und
Methoden/ Kollegiale Beratung und Supervision

Das Innere Team

Friedemann Schulz von Thun

Soziale Arbeit, 4. Semester

23.06.2015

Inhaltsverzeichnis

I. Zur Person

„Friedemann Schulz von Thun (geb. 6. August 1944 in Soltau) ist ein deutscher Psychologe und Kommunikationswissenschaftler sowie Gründer des „Schulz von Thun-Instituts für Kommunikation".

Schulz von Thun studierte von 1967 bis 1971 Psychologie, Philosophie und Pädagogik in Hamburg und promovierte 1973 über „Verständlichkeit bei der Wissens- und Informationsvermittlung". Kurz nach seiner Habilitation 1975 wurde er in Hamburg zum Universitätsprofessor berufen.

Ab 1971 hielt er Trainingskurse für Lehrer und Führungskräfte, die anfangs von Leitideen des Verhaltenstrainings und angewandter Gruppendynamik bestimmt waren. Ziel war die „innere Demokratisierung", das Erlernen eines partnerschaftlichen Miteinanders zwischen verschiedenen Interaktionspartnern.

Durch die intensive Beschäftigung mit Alfred Adlers Individualpsychologie und Ruth Cohns Themenzentrierter Interaktion vertiefte er das Verständnis für zwischenmenschliche Vorgänge. Aus der Integration von individualpsychologischen, humanistischen und systemischen Richtungen und seinen Kurserfahrungen entstand in den 1970ern das Modell des Kommunikationsquadrats, das er 1981 im Buch „Miteinander reden, Störungen und Klärungen" vorstellte" (vgl. https://de.wikipedia.org/wiki/Friedemann_Schulz_von_Thun).

Schulz von Thun sagt von sich selbst, dass sich die Wende der von ihm vertretenen Kommunikationspsychologie von einem reinen Verhaltenstraining zu einer inneren Entwicklung der Persönlichkeit unter dem Einfluss der humanistischen Psychologie vollzog (vgl. Schulz von Thun 2006, S. 119).

Sein Anliegen ist es verschiedene Ansätze der Psychologie so zu vereinen, dass sie für die Lösung praktischer Kommunikationsprobleme dienlich sind. Hier geht es ihm auch um Frederick Pearls „Gestalttherapie", Carl Rogers „Entwicklung der Persönlichkeit" und Paul Watzlawicks „Menschliche Kommunikation" (vgl. Schulz von Thun 1999, S. 13)

Die kommunikationspsychologischen Modelle Schulz von Thuns stehen ein einem wechselseitigen Ergänzungsverhältnis.

II. Nachrichtenquadrat und vier Ohren

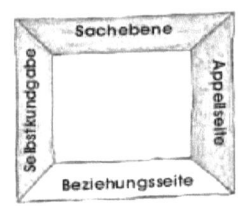

(Schulz von Thun 2008, S. 16)

Im Nachrichten- oder Kommunikationsquadrat Schulz von Thuns geht es um die vier *„seelisch bedeutsamen Seiten"* (Schulz von Thun 1999, S. 26) einer Nachricht. Später hat er das Modell um die „vier Ohren" erweitert. Hierin wird ausgedrückt, dass auch der Empfänger der Botschaft die Nachricht auf vier Ebenen empfängt und verarbeitet.

Die jeweilige Aussage der vier Ebenen der Nachricht:

Sachinhalt: Informationsgehalt der Nachricht

Selbstoffenbarung: Was ich durch die Nachricht von mir selbst kundgebe

Beziehung: Was ich von dem anderen halte oder in welcher Beziehung wir stehen

Apell: Wozu möchte ich den anderen veranlassen?

III. Einführung in das Modell vom Inneren Team

Was passiert alles gleichzeitig und womit muss man rechnen, wenn Menschen miteinander kommunizieren?

Menschliche Kommunikation hat eine zwischenmenschliche und eine innermenschliche Seite.

Willst du ein guter Kommunikator sein...

...*dann schau auch in dich selbst hinein.*

...*dann nimm auch den Systemblick ein.*

authentisch, identitätsgemäß **+** situations- und systemgerecht

Stimmigkeit

(Schulz von Thun 2011, S. 15)

Das zentrale, übergeordnete Kriterium für eine angemessene Kommunikation ist die Stimmigkeit. Schulz von Thun spricht von der doppelten Übereinstimmung. Eine Übereinstimmung mit mir selbst und mit dem Charakter der Situation. Das Handeln muss authentisch und situationsgerecht sein. Das Kommunikationsideal bewegt sich im Spannungsverhältnis dieser beiden Pole (vgl. Schulz von Thun 2001, S. 13).

Es geht um das Geflecht systemischer Zusammenhänge um mich herum und das seelische Miteinander und Gegeneinander in mir selbst. Kommunikation soll also nicht bloß authentisch sein, sondern auch identitätsgemäß, bzw. sowohl situations- als auch systemgerecht (vgl. ebnd., S. 14).

Eine gelungene Kommunikation beginnt mit einer erfolgreichen Selbstklärung.

Hier brauchen wir eine doppelte Kenntnis. Die Kenntnis vom „inneren Menschen" und die Kenntnis von den Wesensmerkmalen einer Situation und ihrer Logik. Diese Erkenntnisse müssen miteinander verknüpft werden.

Das Problem dabei ist, so Schulz von Thun, dass der Mensch in der Regel nicht mit sich selbst in Übereinstimmung ist. Zu jeder praktischen Frage, Überlegung oder Entscheidung gibt es vielfältige und widersprüchliche innere Wortmeldungen. Das „Ich" ist ein multiples Gebilde, die innere Pluralität ist ein menschliches Wesensmerkmal (vgl. ebnd., S. 16). Weil die menschliche Seele eine innere Gruppendynamik aufweist, ist Schulz von Thun zu der Bezeichnung „Inneres Team" gekommen.

Wie kann denn nun der Mensch, der mit sich selbst nie ein Herz und eine Seele ist, mit sich selbst so klar kommen, dass er nach außen hin klar und kraftvoll kommunizieren kann und im inneren Harmonie mit sich selbst erzielt?

Das „ Nachrichtenquadrat dient der Entschlüsselung von Äußerungen. Die Modellvorstellung des „Inneren Teams" bietet Hilfe zur Selbstklärung.

IV. sechs Lehren vom Inneren Team

1. Innere Pluralität

Jeder kennt die unterschiedlichen Reaktionen von sich selber auf Menschen, Ereignisse und Entscheidungen. Diese innere Vielfalt hat große Bedeutung für unser Leben. Viele beachten diese innere Pluralität nicht. Sie wird im Gegenteil oft als lästiges Hin-und Hergerissen sein angesehen (vgl. ebnd., S. 21).

Die zwei oder mehr Seelen in der Brust werden gleichzeitig oder in unterschiedlichem Tempo oder auch zeitversetzt wach. Das kann sich auch in verwirrenden Doppelbotschaften zeigen. Ein Teil kann sich durch eine Äußerung zeigen und der andere durch eine widersprechende Körperhaltung. Die Stimmen können sich im Denken oder im Fühlen bemerkbar machen. Es gibt Früh- und Spätmelder, laute und leise Stimmen, willkommene und unwillkommene Stimmen.

Schulz spricht im Zusammenhang der unterschiedlichen Seelen von den verschiedenen Mitglieder des Inneren Teams um die Träger dieser Stimmen zu benennen (vgl. ebnd., S. 23). Die Mitglieder können mit Namen und Symbolen oder Bildern bedacht werden. Das kann aber nur jeder subjektiv für sein eigenes Inneres Team tun. Jedes Teammitglied hat eine Botschaft. Der Text dieser Botschaft ist in der Regel nicht offensichtlich. Er muss durch innere Erkundung offen gelegt werden. Wenn wir die Botschaft kennen, können wir das Team-Mitglied benennen.

Merkmale eines inneren Gruppengeschehens sind die innere Pluralität, innere Uneinigkeit, ein innerer Dialog oder Konflikt und eine innere Gruppendynamik (vgl. ebnd., S. 24-26)

Die inneren Mitglieder stehen meistens nicht unverbunden zueinander, sondern halten Kontakt, kommunizieren und gehen Beziehungen und Koalitionen ein. Das Innere Team ist das Entwicklungsziel. Ein zerstrittener Haufen ist in der Regel die Realität. Wenn das innere Betriebsklima gut ist, fühlen wir uns gut und sind in der Lage kraftvoll zu handeln, weil wir keine Kräfte zur Bewältigung der inneren Konflikte benötigen (vgl. ebnd., S. 26).

Wer sind die inneren Teammitglieder?

Zunächst handelt sich es sich bei Benennung innerer Teammitglieder um Metaphern. Also um Vorstellungsbilder, die wir uns machen, um die wenig greifbaren seelischen Vorgänge in den Blick zu bekommen. Die bekannte Tatsache, die metaphorisch herangezogen wird, sind die Verhältnisse in Gruppen und Teams. Die inneren Teammitglieder sind seelische Teilaspekte, die sozusagen ein seelisches Anliegen oder eine seelische Rolle übernehmen. Sie sind nicht gleichzusetzen mit Verhaltensweisen oder Gefühlen (vgl. enbd., S. 29-31). Kommunikationspsychologisch kann man sie als Urheber innerer Botschaften auffassen, wobei das, was sie kundtun die gleiche quadratische Struktur aufweist, die aus dem zwischenmenschlichen Kontext bekannt ist:

Selbstkundgabe-Seite

Sachinhalts-Seite

Beziehungs-Seite

Apell-Seite

Der Urheber der inneren Botschaften richtet sich entweder an eines der anderen Teammitglieder, an den Teamchef, oder an ein äußeres Gegenüber (vgl. ebnd., S. 32-33).

Ein weiteres Merkmal der inneren Teammitglieder, ist, dass sie kontextabhängig auftreten und je nach Situation kontextspezifische Konfigurationen bilden. Diese Kontexte können Alltagssituationen, besondere Ereignisse, Lebensthemen, Personen, Rollen oder auch existentielle Fragen sein.

Woher kommen die inneren Stimmen?

Die inneren Stimmen sind Echostimmen. Sie sind ein Widerhall der Welt- und Kulturgeschichte und unseres eigenen persönlichen Lebenskontextes. Sie basieren auf Werten und Normen und orientieren sich an anderen Menschen, die in unserem Leben Bedeutung haben, etwa unsere Eltern oder der Partner/ die Partnerin (vgl. ebnd., S. 43-45).

2. kooperative Führung durch das Oberhaupt

Bezeichnenderweise sagen wir „Ich" und nicht „Wir" trotz der inneren Pluralität. Das bedeutet, dass wir uns mit der Instanz, die über dem Ganzen steht, identifizieren. Das übergeordnete Ich erkennt die inneren Teammitglieder als Teile des Selbst an, vorausgesetzt, sie werden gehört. Das bedeutet nicht, dass die Mitglieder alle erwünscht sind. Wenn es darum geht zu entscheiden, was nach außen dringt, behält das Oberhaupt das letzte Wort, solange es nicht vor seelischen Teilkräften kapitulieren muss. Über die Existenz dieser übergeordneten Instanz wird in der Psychologie gestritten. Schulz von Thun hält die Annahme einer (begrenzt) steuerungsfähigen Instanz für hinreichend belegt. Hier hat die Rede von der Kunst „sich selbst zuzuhören" ihren Sinn. Das Oberhaupt muss versuchen alle maßgeblichen Teammitglieder an einen Tisch zu bekommen, damit in Entscheidungen und Handlungen die versammelte Energie und Weisheit der einzelnen zur Geltung kommt. Das Oberhaupt kann nichts autoritär durchsetzen. Dazu reicht seine Macht nicht. Es muss wesentliche Mitglieder auf seine Seite bringen. Deshalb ist es nicht unerheblich, ob das Team einen guten oder einen schlechten Chef hat (vgl. ebnd., S. 67-70).

Methoden des Oberhaupts zur Kontaktgestaltung nach Außen bei innerer Uneinigkeit:

Aufschub

Wenn der Mensch sich seiner Uneinigkeit bewusst ist, kann er um Aufschub der Entscheidung bitten.

Offenbarung

Die innere Teamkonferenz wird an Ort und Stelle dem Gegenüber in der Kommunikation offen dargelegt.

Kontaktmanagement

Die Teamkonferenz findet an ebenfalls Ort und Stelle statt, aber sie wird nicht offen gelegt, sondern im Verborgenen ausgetragen. Ein Türwächter bzw. Kontaktmanager hält den Gesprächspartner mit Gesprächstaktiken hin.

Erstbeste Reaktion mit möglicher nachträglicher Revision

Das Oberhaupt folgt zunächst der erstbesten oder lautesten inneren Stimme durch seine Reaktion. Die Spätmelder und leisen Stimmen werden später gehört. Das kann zu einer Revision der Entscheidung führen. „Man hat es sich anders überlegt."

Integrierte Stellungnahme als Sofortantwort

Hier geht es um die blitzschnelle Anhörung aller Mitglieder mit einer Antwort, in der sich die meisten, zumindest zum Teil, wieder finden. Das gelingt dem Oberhaupt in vielen alltäglichen Situationen, weil für die meisten Standardsituationen bereits in der Vergangenheit eine Teamkonferenz geführt wurde. Optimale Voraussetzung ist hier aber eine reelle innere Klarheit, sonst kann es zu Missverständnissen kommen (vgl. ebnd., S. 71-84).

Im Fall innerer Uneinigkeit muss das Oberhaupt eine innere Teamkonferenz einberufen und leiten. Bei kleineren Anlässen dauert das Selbstgespräch nur Sekunden oder Minuten. Es beginnt unbewusst ganz von selbst. Wenn eine spontane Teambesprechung im Chaos versinkt, wenn Konflikte immer wieder auftreten, wenn es um wichtige Fragen geht, besteht die Möglichkeit, die innere Teamkonferenz bewusst einzuberufen und geregelt ablaufen zu lassen. Schulz von Thun spricht dann von einer Ratsversammlung des Inneren Teams (vgl. ebnd., S. 90).

Definition von „innerer Ratsversammlung"

„Die bewusste Zusammenkunft und Aussprache aller innerer Mitglieder ,die sich zu der aufgeworfenen Frage melden, unter der Leitung des Oberhaupts mit dem Ziel, eine Antwort zu (er-)finden, die auf einer inneren Vereinbarung basiert und die adäquater und authentischer ist, als wenn nur ein Mitglied oder eine Clique von Mitgliedern vorhanden gewesen wäre oder alleine das Sagen gehabt hätte." (Schulz von Thun 2001, S. 90)

Grundvorgang der inneren Ratsversammlung:

1. Schritt

Die Teilnehmer werden identifiziert: Wie viele gehören dazu? Welche Botschaften vertreten sie? Die Teammitglieder werden namentlich benannt.

2. Schritt

Jedes einzelne Teammitglied wird durch das Oberhaupt angehört.

3. Schritt

Hier lässt die Teamleitung eine freie Diskussion der Teilnehmer zu und regt sie an. Das ist die Storming-Phase.

4. Schritt

Das Oberhaupt moderiert und strukturiert das bisher Gesagte.

5. Schritt

Brainstorming→ Zur Beseitigung letzter Unklarheiten befragt der Teamchef einzelne Mitglieder.

6. Schritt

Entwurf einer integrierten Stellungnahme: das Oberhaupt erntet die Früchte der Teamarbeit. Die Weisheiten der Teammitglieder werden vereinigt.

Dann muss das Oberhaupt die Rolle des Moderators verlassen, denn es muss letztlich die Entscheidung treffen, auch wenn in der Regel kein vollständiger Konsens erreicht werden kann.

Wichtiger als Einigkeit ist ein gutes inneres Betriebsklima. Diese Darstellung ist in der Realität natürlich selten so geordnet. Aber die Einhaltung der Reihenfolge ist wichtig, damit der Prozess nicht ins Stocken gerät. Wenn die Ratsversammlung in einer Sackgasse sitzt, sollte man zu Schritt 2 zurückkehren. Schulz von Thun sagt, dass dieser Prozess nur durch vielfache Übung gelingen kann. Wichtig ist es, das Oberhaupt auch wirklich die Führung übernehmen zu lassen, damit nicht die Teilnehmer die Oberhand gewinnen (vgl. ebnd., S. 90-99). Die entscheidende Voraussetzung für eine wirksame Selbst-Führung ist die Wahrung oder Erlangung einer souveränen Metaposition. Das Oberhaupt muss über dem Ganzen stehen und darf sich nicht in die Meinungsverschiedenheiten verstricken lassen. Der Führungsstil des Oberhaupts sollte kooperativ und wertschätzend sein (vgl. ebnd., S. 103-104).

3. Innere Teamkonflikte

Klar ist, dass innere Uneinigkeit kein dramatischer Sonderfall ist, sondern die Normalität des seelischen Alltags darstellt. Das Oberhaupt „hält den Laden zusammen" und sorgt mit seiner Führung dafür, dass Gegensätze und Spannungen ohne große Reibungsverluste ausgehalten, ausgetragen und genutzt werden. Als Konfliktmanager muss er eine innere Streitkultur entwickeln.

Was aber ist, wenn die inneren Konflikte derart heftig und anhaltend sind, dass es dem Menschen die Sprache, die Handlungsfähigkeit oder sogar die Lebensfreude raubt? „Mit sich selbst uneinig zu sein" kann bis zum Suizid führen.

So wie es in Gruppen heftig nach außen ausgetragene Konflikte oder schwelende Uneinigkeit mit eisigem Schweigen gibt, kann es im inneren Milieu zu aufwühlendem Hin-und Hergerissen sein, das einem dem Schlaf raubt, oder zu unbewussten Konflikten kommen, die die Lebensenergie rauben oder psychosomatische Beschwerden verursachen. Ungelöste innere Teamkonflikte haben eine Außen- und eine Binnenwirkung. Nach außen machen die Konflikte sich in Leistungsminderung und Sprachlosigkeit oder widersprüchlicher bis unfreundlicher Kommunikation bemerkbar. Darauf reagieren andere Menschen ablehnend und es kommt zu Vertrauensverlusten.

Das Oberhaupt sollte und kann mit solchen Konflikten fertig werden, denn das Innere Team lässt sich nicht auflösen, wie eine reale Gruppe. Schulz von Thun traut dem individuellen Oberhaupt das zu, es sein denn der Konflikt ist zu schwerwiegend oder ein Konfliktpartner ist in den seelischen Untergrund abgewandert. Dann reichen die normalen Mittel des Oberhaupts nicht und es Bedarf therapeutischer Intervention. Auch das Oberhaupt selbst kann in die Konflikte miteinbezogen sein. Es kann durch einzelne Teammitglieder in seiner Souveränität gefährdet werden. Quälgeister, die Selbstzweifel schüren, Pessimismus verbreiten oder Ängste wecken. Sie sabotieren das Oberhaupt bei dem Versuch, ein glückliches sinnvolles Leben zu organisieren. Sie sprechen in der Regel in negativen Du-Botschaften. Es gilt diesen Gegner zunächst zu identifizieren, zu benennen und seine Botschaft herauszufiltern. Dann muss die Teamleitung sich mit dem Kontrahenten auseinandersetzen, seine Rolle einnehmen. Dadurch, dass er gut kennengelernt wird und der Gegner als Teil des Selbst angenommen wird, verliert er seine Macht (vgl. ebnd., S. 117-179).

4. Aufbau und Dynamik der Persönlichkeit

Das innere Team verfügt nicht über eine feste Struktur, sondern über eine Gruppendynamik. Es herrscht ein Wechselspiel verschiedener Teilkräfte. Jeder Mensch verfügt in seinem inneren Ensemble über Stammspieler, die in der vordersten Reihe stehen und immer eine Rolle spielen und die Außenwirkung der Person bestimmen. Aber im Hintergrund, teilweise im Verborgenen gehören viele andere dazu. Teammitglieder, die zum Teil sehr verletzlich und schutzbedürftig sind und Teammitglieder, für die sich der Mensch schämt, die im Dunkeln bleiben müssen. Als „stille Wasser" bezeichnet Schulz von Thun die ungenutzten Talente und Potentiale. So sind manche Teammitglieder Hauptdarsteller, manche Nebendarsteller und manche Hinterleute. Die einen arbeiten im Innendienst und die anderen im Außendienst. Die Stammspieler entstehen durch Lernen Am Modell und Lernen am Erfolg. Sie sind aber nicht nur erfolgreich im Außendienst, sondern auch im Innendienst. Sie wehren Teammitglieder ab, die mit negativen Gefühlen besetzt sind und beschützen die Schwachen (vgl. ebnd., S. 181-229). Schulz von Thuns acht Kommunikationsstile stellen acht mögliche, häufig vertretene, Stammspieler dar:

- Bedürftig – abhängig
- Helfend
- Selbstlos
- Aggressiv – entwertend
- Sich beweisend
- Bestimmend – kontrollierend
- Sich distanzierend
- Mitteilungsfreudig – dramatisierend

(vgl. Schulz von Thun 1999, S. 57-241)

Die Stammspieler sind nützlich und wichtig, weil sie den Menschen berechenbar, erfolgreich und sozial verträglich machen. Sie sind Überlebenshelfer im Kampf um das soziale Dasein. Die Gefahr ist allerdings, dass die Stammspieler des Guten zu viel tun. Oft nehmen sie zu viel Raum ein und stehen der Teamentwicklung im Weg. Sie können einen Alleinvertretungsanspruch geltend machen und versperren so den Weg zum inneren Zentrum des Menschen mit seiner Lebendigkeit und Berührbarkeit (vgl. Schulz von Thun 2001, S. 181-193).

5. Variationen innerer Mannschaftsaufstellungen

Jedem Menschen ist also eine Grundkonstellation zu eigen, die für ihn typisch ist und die ihn von anderen Menschen unterscheidet. Aber ein und derselbe Mensch verfügt gegenüber verschiedenen Situationen, Menschen und Lebensthemen über eine große Variationsbreite. Hier spricht Schulz von Thun von der inneren Mannschaftsaufstellung und verwendet somit die Metapher eines Mannschaftssportteams. Die Mannschaftsaufstellung variiert je nach zur Verfügung stehenden Teammitgliedern und deren momentanen Leistungsvermögen. Und sie variiert je nach Gegner und Spielsituation. Die aktuelle Kommunikationsfähigkeit ist davon abhängig, ob unsere innere Mannschaftsaufstellung der Situation entspricht. Eine einmal erreichte Grundaufstellung der Persönlichkeit ist keine lebenslängliche feststehende Ordnung. Das innere Team kann jederzeit in beliebiger Zusammenstellung neu aufgestellt werden. Eine rasche Umstellungsfähigkeit ist möglich. Es handelt sich hier um eine wichtige Fähigkeit. Dem ständigen Wechsel situativer Erfordernisse kann nur durch ein flexibles Rollenrepertoire begegnet werden und eine stimmige Kommunikation erfordert eine gewisse Bandbreite. Aber ohne einen unverwechselbaren und nicht wechselfähigen Kern als Ruhepol an Identität verkommt die personale Breite zu einer opportunistischen „Wendehalsigkeit". Wenn der Wesenskern vorhanden ist, aber nicht mit situativer Flexibilität einhergeht, erscheint ein Mensch als starr (-sinnig). Die Aufgabe des Oberhauptes ist es, immer wieder zu prüfen, ob Gespräch und innere Aufstellung bei sich selbst und auch beim gegenüber passend sind. Und wenn nicht, sollte es dagegen etwas unternehmen (vgl. ebnd., S. 232-241).

6. Stimmigkeit: Inneres Team und Gehalt einer Situation

Im Idealfall entspricht die Teambildung der realen Situation. Gelungene Kommunikation ist das Resultat eines Wechselspiels. Manchmal verpufft ein guter Beitrag oder ein Schlechter löst etwas Gutes aus. Die Gütekriterien liegen in der Besonderheit der Situation. Wir können lernen, die einer Situation innewohnende Logik herauszuarbeiten und unser kommunikatives Handeln darauf einzustellen. Die Verfehlung eines situativen Gehalts ist im Alltag oft deutlich spürbar, aber nicht immer direkt zu benennen. Die innere Aufstellung, die in der einen Situation passend erscheint, wird in einer anderen als „daneben" empfunden. Gibt es dann für jede Situation die passende Teambildung? Die gibt es, sagt Schulz von Thun, aber nicht nur eine einzige. Denn, dem doppelten Stimmigkeitsgebot folgend, muss das Team auch im Einklang mit dem Menschen sein, der agiert (vgl. ebnd., S. 273-275). *„Prinzipiell lohnt es sich für jeden Kommunizierenden, wenn er seine Ziele erreichen will, den Gehalt einer Situation genau zu erfassen, um den darin enthaltenen Forderungen durch eine geeignete innere Aufstellung entsprechen zu können."* (Schulz von Thun 2001, S. 275)

Jeder Wandel von Ereignissen erfordert eine beträchtliche personale Bandbreite und flexible Umstellungsfähigkeit des Inneren Teams.

Das Situationsmodell:

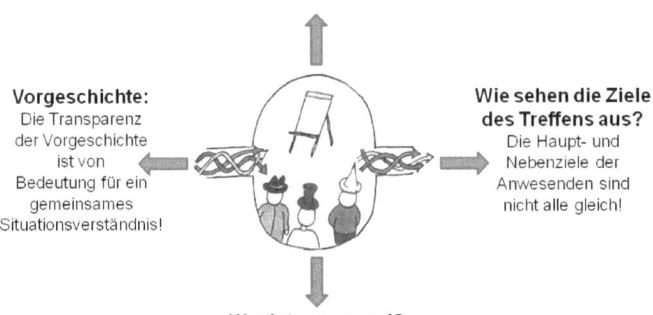

Der Gehalt einer Situation ergibt sich aus den vier Komponenten. Die „Wahrheit der Situation" ergibt sich aus der Summe aller Umstände, die in der Situation enthalten sind, ihren Schwerpunkt definieren und die psychische Realität der Anwesenden beeinflusst. Die Beteiligten treten, je nach Definition der Situation in ihrem Kopf, mit einer individuellen inneren Mannschaftsaufstellung in die Kommunikation. Zudem ist die Situation immer in einen systemischen Kontext eingebunden. Die Teilnehmer nehmen nicht nur unterschiedliche Rollen ein, sondern bringen auch unterschiedliche systemische Kontexte mit. Dann liegen die eigentlichen Einflussgrößen der Situation nicht in der Situation selbst, sondern im „systemischen Drumherum" (vgl. ebnd, S. 278-290).

Schulz von Thun empfiehlt im Hinblick auf die innere Mannschaftsaufstellung eine vorsorgliche Besetzung fehlender Teammitglieder für Notsituationen. Zur „persönlichen Leibgarde" können z.B. ein „Leibwächter", der vehement Kränkungen von sich weist oder ein „Würdiger", der das Positive der Person betont, gehören (vgl. ebnd., S.294-295). Außerdem lohnt es sich kritische Kommunikationsvorfälle darauf hin zu untersuchen, wer aus dem Stammteam sich unangemessen zu Wort meldet. Wenn die innere Fehlaufstellung klar wird, kann eine situationsgerechte Neuaufstellung vorgenommen werden (vgl. ebnd., S. 300).

Die doppelte Stimmigkeit verlangt, eine Übereinstimmung mit dem, was die Situation verlangt und dem, was der Person entspricht, herzustellen. Ein solches Verhalten ist mutig und ehrlich. Es erfordert ein Zu-sich-selber-Stehen, das immer auch das Risiko birgt, dass die Person angreifbar wird. Aber in konstruktiver Weise stellt sich ein solches Verhalten auch dienend zur Verfügung. Es versucht den Geboten einer Situation gerecht zu werden (vgl. ebnd., S. 317).

„In der Situation stecke ich immer selbst mit drin, indem ich sie nach meiner Wahrnehmung und Zielsetzung definiere. Und die Situation steckt in mir selbst drin, indem sie ihre Gebote als innere Stimmen wirksam werden lässt." (Schulz von Thun 2001, S. 318)

V. Ein Blick in die Praxis

Die Beratung jugendlicher Straftäter mit dem Inneren Team

Die therapeutisch-beratende Arbeit mit jugendlichen Straftätern gestaltet sich in vielerlei Hinsicht als schwierig. Die Jugendlichen begeben sich selten freiwillig in Behandlung und bringen meistens keine tiefgreifende Änderungsmotivation mit. Die Intelligenz und sprachliche Ausdrucksfähigkeit sind oft unterdurchschnittlich und das biologische Alter entspricht nicht dem emotionalen und moralischen Entwicklungsstand. Daher darf die Teamerhebung nicht zu kompliziert sein und muss sich an den Sprachgebrauch und das Sprachniveau des Jugendlichen einstellen. Der Berater muss erproben, ob die Metaphern für den Jugendlichen stimmig sind. Während einer Inhaftierung sind die Betroffenen für eine Arbeit mit dem Inneren Team eher zugänglich. Das resultiert aus der sozialen Isolierung heraus. Die Geräuschkulisse des Alltags verstummt und die inneren Stimmen werden besser hörbar.

Rekonstruktion von Straftaten mit dem Inneren Team:

„Was ist in mir passiert, als ich die Tat beging?"

„Wie kann ich das in Zukunft verhindern?"

Bei der deliktfokussierten Arbeit mit jugendlichen Straftätern zeigt sich, dass es vom restlichen Team abgespaltene wütende Mitglieder gibt, die während der Tat groß und mächtig geworden waren. Schulz von Thun beschreibt, dass die Verbannten in einem unbedachten Moment über die Mauer springen können, um das Kommando zu übernehmen und die Gesamtperson zum „Amok" veranlassen.

Beispiel:

Justin: Sitzungen zum Inneren Team, aus „Der Messerstecher im Inneren Team", Diplomarbeit von Evelyn Barth 2003,S. 20-26, siehe Anhang 1

Fazit

Die Delinquenten bekommen einen Zugang zu sich selbst, ihren zerstörerischen Anteilen und ein Vermögen, darüber zu reden.

Die Visualisierung gewährt Abstand zum eigenen Empfinden und erleichtert die Selbsterkundung.

Ein Schritt in Richtung Selbstklärung und Selbstakzeptanz ist getan.

Das kann die Vorarbeit zu einer Verhaltensänderung sein. Der „echte" Wunsch nach einem Anti-Aggressions-Training oder einem Sozialtraining kann entstehen. (vgl. Barth 2008, S. 81-103).

Literaturverzeichnis

Barth, Evelyn (2003): Der Messerstecher im Inneren Team. Beratung von jugendlichen Straftätern mit der Methode des Inneren Teams. Diplomarbeit. Fachbereich Psychologie der Universität Hamburg

Barth, Evelyn (2008): „Auf Iso". Die Beratung jugendlicher Straftäter mit dem Inneren Team. In: Schulz von Thun, Friedemann; Kumbier, Dagmar (Hrsg): Impulse für Beratung und Therapie. Reinbek: Rowohlt Verlag

Schulz von Thun, Friedemann (1999): Miteinander Reden 1. Störungen und Klärungen. Sonderausgabe. Reinbek: Rowohlt Verlag

Schulz von Thun, Friedemann (1999): Miteinander Reden 2. Stile, Werte und Persönlichkeitsentwicklung. Sonderausgabe. Reinbek: Rowohlt Verlag

Schulz von Thun, Friedemann (2001): Miteinander Reden 3. Das „Innere Team" und situationsgerechte Kommunikation. 8. Auflage. Reinbek: Rowohlt Verlag

Schulz von Thun, Friedemann (2006): Klarkommen mit sich selbst und anderen: Kommunikation und soziale Kompetenz. 2. Auflage. Reinbek: Rowohlt

Schulz von Thun, Friedemann; Kumbier, Dagmar (2008): Impulse für Beratung und Therapie. Reinbek: Rowohlt Verlag

Internetquellen:

http://de.wikipedia.org/wiki/Friedemann_Schulz_von_Thun. Stand: 03.06.2015

BEI GRIN MACHT SICH IHR WISSEN BEZAHLT

- Wir veröffentlichen Ihre Hausarbeit,
  Bachelor- und Masterarbeit

- Ihr eigenes eBook und Buch -
  weltweit in allen wichtigen Shops

- Verdienen Sie an jedem Verkauf

Jetzt bei www.GRIN.com hochladen
und kostenlos publizieren